MW00877088

La

peligrosa

John Sifert

Copyright 2018

Padre de cinco Books

La isla más peligrosa

Book 1 of the "Lo más peligroso" series

Cover art by Andrea Vásquez

Interior art by Pier Giuseppe

Photo of the golden lancehead viper (p. 31) adapted from Creative Commons. This work is licensed under the Creative Commons Attribution-ShareAlike 4.0 International License. To view a copy of this license, visit http://creativecommons.org/licenses/by-sa/4.0/ or send a letter to Creative Commons, PO Box 1866, Mountain View, CA 94042, USA.

Copyright 2018 by John Sifert. All rights reserved. No part of this book may be reproduced or transmitted in any form or by any means, electronic or mechanical, including photocopying, recording or by an information storage or retrieval system, without permission in writing from the author.

ISBN-13: 978-1986288804

Note to readers: Thank you for picking up this novel! I am very excited to share with you this story based on a real island in the Atlantic Ocean. If you enjoyed this book, please tell your friends and colleagues. If there is something you didn't like, you want to report an error, or just want to ask a question, please contact me at: **padredecincobooks@gmail.com**

Note to teachers: This novel contains less than 200 unique words (words such as "está" and "están" are listed separately in the glossary, but count as one word). The novel consists of 5400 words and has worked well with novice readers and beyond. Vocabulary is sheltered, but grammar is not. The novel is written mainly in the present and past, with a few examples of subjunctive and commands.

Agradecimientos

Thank you to _Kim Huegerich_, _Craig Klein_, and _Virginia Hildebrandt_ for their amazing feedback, advice, and for piloting my book. It is so wonderful to have colleagues willing to share their time and energy to help others.

Thank you to _my students_ who helped me pilot this book in my own classroom. Without you, I wouldn't have a reason to write in the first place.

Finally, thank you to _my family_. You are the inspiration for many of my characters, as well as my personal inspiration in life.

As a couple of characters mention in this novel, _"¡Nada es más importante que la familia!"_

Índice

Capítulo uno

El avión explota

<<*¡No quiero morir!*>>

Todo es confusión. Caden piensa:

<<¡Hay [1]fuego en el avión!... ¿Es normal en un avión?... ¡No hay aire!... ¿¡Dónde está mi papá!?... ¿¡mi hermano!?... No hay aire, pero hay mucho fuego... no es normal... no puedo respirar... ¡Quiero respirar!...   ¡No puedo respirar!...
No... puedo... respi...>>

[1]fuego= fire

Capítulo dos

En la isla

Caden se cae en la playa

<< *¡Agua! ¡Mucha agua! ¿¡Dónde estoy!? Estoy en.... ¡el océano!*>>

Caden ve una isla. Nada hacia la playa. Caden se cae en la playa. ¡Puah! Está muy exhausto pero se levanta y camina rápido por la playa. Ve otras personas en la playa. ¿Es su familia? No... no es su familia. Son otras personas del avión. Una persona llora. Otras personas gritan. Hay partes

3

del avión por toda la playa y en el agua. Caden grita:

-¡Papá! -Caden busca con urgencia a su familia. Grita otra vez:

-¡Papá! ¡Trevor!

Trevor es su hermano. Trevor tiene once años. Caden tiene diecisiete años. Caden y su familia viven en Iowa. Su mamá es de Iowa y su papá es de Uruguay. La familia es bilingüe. Trevor y su papá quieren ir a Uruguay. Caden no quiere ir. Prefiere pasar tiempo con amigos. Su papá quiere pasar más tiempo con Caden, pero Caden no quiere. A su papá le parece que Caden es muy joven. A veces su papá no escucha a Caden y Caden se pone frustrado. Caden tiene diecisiete años. ¡Es prácticamente un adulto!

Su papá se llama Juan Sifuentes. Juan es un [1]científico. Quiere encontrar una cura para el cáncer. Juan trabaja mucho en Uruguay porque hay animales que tienen un [2]veneno especial. El veneno de los animales es parte de la cura para el cáncer. Juan trabaja mucho con el veneno, ¡y ahora tiene la cura para el cáncer!

Juan, Caden, y Trevor van a Uruguay porque Juan va a recibir un honor importante. Va a recibir

[1]científico= scientist   [2]veneno= venom

el honor porque tiene la cura para el cáncer. Pero hay un problema. El avión explotó entre Brasil y Uruguay. Ahora Caden no puede encontrar a su

Belmond, Iowa
Los Estados Unidos

**El viaje de
Los Sifuentes**

Rio de Janeiro,
Brasil

Montevideo,
Uruguay

papá. No puede encontrar a su hermano. Caden quiere encontrar a Trevor y su papá. *¿¡Dónde está su familia!?*

-¡Caden! -grita una persona en la playa. ¡Es el hermano de Caden! Trevor corre por la playa hacia Caden.

-¿Estás bien? -le pregunta Caden.

-Sí. ¿Y tú? -dice Trevor.

-Sí. ¿Dónde está Papá? -le pregunta Trevor.

-No sé. -le dice Caden.

-¿Y el avión? -le pregunta Trevor.

-No sé. Parece que el avión explotó. –responde Caden.

En la playa una mujer grita. Caden y Trevor corren rápido hacia la mujer. Hay una parte de metal del avión sobre la mujer. La mujer tiene una expresión de agonía y grita otra vez.

-Trevor, ¡levantemos el metal! -le dice Caden.

Caden y Trevor levantan el metal, pero no es suficiente. La mujer no puede escapar. Levantan el metal otra vez pero no es suficiente. Caden tiene una idea. Ve otra parte de metal. Caden pone la parte [3]debajo de la otra parte.

[3]debajo= under

6

Caden y Trevor [4]empujan y empujan y ¡es suficiente! ¡La mujer escapa!

Cuando la persona escapa, los chicos pueden ver que es una mujer joven con pelo negro. La mujer misteriosa se levanta confusa.

-Gracias. -dice la mujer. La mujer joven examina la playa. -¡Ah! ¡Mi mochila! -y agarra su mochila. La mujer [5]sonríe a Caden. -Muchas gracias.

La mochila de Chavela

-¿Estás bien? -pregunta Caden.

-Sí. Gracias. Pero ahora necesito encontrar las otras personas del avión. —responde la mujer.

-¿Por qué? -pregunta Trevor.

-Hay una persona mala en la isla. *¡Una persona que [6]nos quiere matar!*

[4]empujan= they push   [5]sonríe= she smiles
[6]nos quiere matar= wants to kill us

Capítulo tres

La mujer misteriosa

-¡No es posible! -le dice Caden a la mujer. -¿Por qué nos quiere matar?

-No sé. -dice la mujer con el pelo negro.

-¿Cómo? -le pregunta Trevor.

-Con una bomba. -dice la mujer.

-¿Una bomba? ¿En el avión? -pregunta Trevor.

-Sí. La persona que nos quiere matar es mala. La bomba explotó pero no era suficiente. Ahora la persona quiere escapar. ¡No puedo permitirlo! -responde la mujer.

-¿Y la persona estaba en el avión? ¡Ridículo! -dice Caden.

-Sí. La persona mala estaba en el avión. El avión era pequeño. Había treinta personas en el avión. Había un [1]paracaídas con las [2]maletas. Un paracaídas no es normal en un avión pequeño. La persona tenía un plan para escapar del avión.

El paracaídas que está en el avión

[1]paracaídas= parachute   [2]maletas= suitcases

Pero... había un problema. No tenía la oportunidad para escapar. La persona mala... el terrorista... está en la isla.

-¿Por qué quieres encontrar el terrorista? -le dice Trevor.

-Porque soy una agente federal para los aviones.

-¿Dónde está tu uniforme? -responde Trevor muy escéptico.

-Los agentes federales son secretos. No tengo uniforme.

Caden mira a la mujer. Parece normal. No tiene un uniforme. Caden ve que la mujer es misteriosa y.... muy interesante.

-Está bien. ¿Quién es el terrorista? -le pregunta Trevor.

-No sé. -dice la mujer.

-¿Dónde está el terrorista? -le pregunta Trevor.

-No sé. -responde la mujer.

-¿Cómo se llama el terrorista? –le pregunta Trevor.

-No sé.

-¿Dónde está mi papá?

-No sé.

-No sabes mucho, ¿eh?

-¡Silencio! -grita la mujer. -¿Cómo te llamas?

-Me llamo Trevor y mi hermano se llama Caden. ¿Y tú?

-Me llamo Chavela. Ahora quiero hablar con las otras personas del avión. Quiero encontrar información del terrorista.

-¡Y yo quiero encontrar a mi papá! -dice Trevor.

Capítulo cuatro

Las otras

Chavela, Trevor, y Caden caminan a una parte de la playa donde están dos personas. Hay un hombre y una mujer. El hombre es grande y tiene músculos grandes. Tiene muchos [1]tatuajes. El hombre levanta y organiza muchas maletas en la playa. La mujer parece furiosa. Su pelo es de muchos colores. Su pelo es azul, rojo, negro y otros colores. Tiene muchos tatuajes también. La mujer furiosa habla con el hombre:

-Por qué no me escuchas? ¡No es buena idea poner las maletas en la playa! Necesitas poner...

[1]tatuajes= tattoos

14

Cocodrilo y Tucán organizan las maletas

Cuando la mujer ve el grupo no grita más y el hombre les sonríe. El hombre sonríe muy raro. Tiene dientes grandes. Dientes como un animal.

Chavela le dice al hombre:

-Hola. ¿Cómo están?

-²Aquí estamos. -responde el hombre.

-Me llamo Chavela. El chico grande se llama Caden y el chico pequeño es Trevor. ¿Cómo se llaman? -pregunta Chavela.

-Me llamo Elías. Pero mis amigos me llaman Cocodrilo por mis dientes. -sonríe el hombre.

-Me llamo Liliana. Pero me llaman Tucán por mi pelo.

-Y por tu boca grande... -murmura Cocodrilo.

-¿¡Qué!? -exclama Tucán.

-Nada... -responde Cocodrilo.

-¿Por qué van a Uruguay? -pregunta Caden.

-Hay una... reunión... una reunión importante. -sonríe Cocodrilo.

---

²Aquí estamos= (Not so good but) We are here.

16

-¿Por qué es importante? -dice Chavela.

-Es una oportunidad para mucho dinero. El dinero siempre es importante, ¿no? —responde Tucán. Y la mujer con el pelo de muchos colores sonríe también.

-Está bien. Gracias por la información. -dice Chavela y los tres salen.

* * * * * * *

-¿Por qué no les preguntas más? -pregunta Caden.

-Cocodrilo y Tucán no son personas buenas. Son peligrosas. Son miembros de una [3]pandilla.

-¡Hijo de pistola! -responde Trevor.

-¿Mande? ¿Qué significa "hijo de pistola"? -le pregunta Chavela.

Caden responde:

-Es tonto. Trevor buscó en Internet "son of a gun" en español. El internet respondió con "hijo de pistola."

-Es chistoso, ¿no? -sonríe Trevor.

-Eh... no sé. -dice Chavela.

[3]pandilla= gang

-No sabes mu...

-¡Silencio! -exclama Chavela.

-¿Cómo sabes que Cocodrilo y Tucán son miembros de una pandilla? -pregunta Caden.

-Tienen tatuajes de [4]*Primer Comando Capital*. Es una pandilla peligrosa de Brasil. Tienen tatuajes de "PCC," "15-3-3," y el símbolo del "*yin y yang*." Vámonos. Quiero hablar con otras personas. Los miembros de la pandilla no quieren explotar el avión.

-¿Pero otra pandilla? -pregunta Trevor.

-Sí, ¿es posible que a otra pandilla no le gusta que el Primer Comando Capital esté en su territorio en Uruguay? -dice Caden.

-Es posible... -responde Chavela.

[5]De repente, Trevor ve un objeto familiar entre las plantas.

---

[4]Primer Comando Capital= First Capital Command.   A gang originating in Brazil. Now found in many South American countries.

[5]de repente= All of a sudden

-¿Qué es esto? -dice Trevor y señala entre las plantas.

Chavela agarra el objeto.

-Son lentes. -responde Chavela.

Caden camina a Chavela y mira los lentes.

-¡Ay, no! ¡Son los lentes de nuestro papá! Papá no puede ver bien sin los lentes. ¡Tiene visión horrible! -exclama Caden.

Los lentes del papá de Caden y Trevor

-Vámonos. -dice Chavela y pone los lentes en su mochila. -Hay más personas entre las palmeras. Hay dos mujeres. -dice Chavela.

-¡Ah! Una mujer parece una piloto. [6]Quizás tenga información de las otras personas del avión. —responde Trevor.

-Sí . . . tengo una idea. Es tarde. Nos podemos separar y hablar con personas diferentes. Es más rápido, ¿no? —pregunta Chavela.

-Sí, es más rápido pero no hay tiempo. ¡Necesitamos encontrar a Papá! Es posible que esté [7]lastimado. ¡No hay tiempo para hablar con todas las personas del avión! -exclama Caden.

-Cálmate. Necesitamos encontrar al terrorista. Es muy peligroso. No quiero morir. ¿Quieres morir?

-No… -Caden responde con frustración.

-Está bien. Encontremos el terrorista y luego su papá. -dice Chavela.

Chavela camina hacia un hombre en la distancia. Caden y Trevor caminan hacia la piloto y la mujer. Caden piensa, <<*¿Por qué Chavela es muy persistente? ¡Los adultos no escuchan! ¿Por qué se quiere separar? Y ¿dónde estás, Papá?*>>

---

[6]quizás= maybe   [7]lastimado= injure

Capítulo cinco

La azafata y la piloto

Caden mira la isla y piensa: <<*La isla es perfecta para las vacaciónes. Hay una playa perfecta y agua magnífica. En el centro de la isla hay una jungla tropical.   Pero estas no son unas vacaciónes. El avión explotó. No puedo encontrar a mi papá. Muchas personas están lastimadas o posiblemente muertas. Hay miembros de una pandilla con dientes raros y muchos tatuajes. Y hay una persona que nos quiere matar. ¿¡Por qué quería mi papá que yo fuera a Uruguay con él!? No, no son unas vacaciónes. Es una isla muy...* >>*

-¡Ay! ¡Una serpiente me [1]mordió! -grita Trevor. Trevor se cae y agarra su pierna. -¡Ay! ¡Ay! ¡Ay!

[1]mordió= bit

-¡Trevor! ¿¡Estás bien!? ¿¡Dónde está la serpiente!? -Caden corre rápido hacia su hermano.

Trevor está llorando y parece muy rojo. -¡Trevor! ¿¡Estás bien!? ¿¡Estás bien!? -grita Caden.

Caden mira a Trevor y ve que Trevor no está llorando; está riendo. Está rojo porque se está riendo mucho.

-¡Ridículo! ¡Tonto! ¡No es chistoso, Trevor! -grita Caden.

Trevor se levanta:

-Cálmate, hermano. Es un poco chistoso, ¿no?

-¡No! ¡La isla es muy peligrosa! Hay personas peligrosas y las serpientes son peligrosas también. ¿Había una serpiente o no? –pregunta Caden.

-Sí, había una serpiente, pero está bien. La serpiente está muerta. –dice Trevor.

Caden busca y ve una serpiente muerta en la playa. Y luego Caden ve dos más serpientes muertas. ¡No! De repente, ¡una serpiente se mueve! -¡Mira, Trevor! ¡Hay serpientes que no están muertas!

Una serpiente
"mordió" a Trevor.

-Sí. ¡Cuidado! Hay muchas serpientes en la isla. -dice una mujer que entra la situación.

Trevor y Caden miran a la mujer. Es la piloto. Cuando Trevor estaba riendo, la piloto y la otra mujer caminaron a la playa.

-Hola. Me llamo Estefanía. Y la mujer es la [2]azafata. Se llama Laura. -dice la piloto.

La azafata sonríe un poco pero no dice nada.

-Laura no habla mucho. Le duele la cabeza. . . una maleta le pegó en la cabeza. —dice Estefanía.

Caden mira a Laura. Laura parece muy exhausta y confusa también.

-¿Tu hermano está bien? -pregunta Estefanía.

-Sí. Siempre [3]finge estar lastimado. Es un actor bueno. Mi papá y mamá se ponen furiosos y Trevor piensa que es muy chistoso. -Caden explica con frustración.

-¡Qué desastre! -dice Estefanía.

-Es horrible... como las serpientes. -responde Caden.

-Sí, veo serpientes por todas partes de la isla. -dice Estefanía.

---

[2]azafata= flight attendant   [3]finge= s/he fakes

-¿Viste a mi papá? -pregunta Trevor.

-¿Quién es tu papá? -pregunta Estefanía.

-Se llama Juan Sifuentes.

-¡Ah! El señor Sifuentes [4]vuela mucho entre Brasil y Uruguay. Tu papá es un hombre bueno. No es como... *él.* -y Estefanía señala a un hombre en otra parte de la playa.

-¿Quién es el hombre? -responde Caden.

-Es un candidato para presidente de Uruguay. Se llama Elonso Carbón. Tiene ideas malas para Uruguay. El señor Carbón quiere permitir la destrucción de la jungla. En su opinión, el área es más beneficiosa para la industria de tabaco.

-¡Qué horrible! -dice Caden.

-También, quiere deportar a los inmigrantes de Brasil. –responde Estefanía.

-¿Por qué? -pregunta Caden.

[4]vuela= s/he flies

-Porque los inmigrantes son diferentes. Al Señor Carbón no le gustan las personas diferentes. Su eslogan es: "Uruguay es para los uruguayos." -dice la piloto.

-Qué malo. -responde Trevor.

-El otro candidato para presidente, su rival, estaba en el avión también. —dice Estefanía.

-¿Dónde está su rival? -pregunta Caden.

-Su [5]cuerpo está debajo de su chaqueta en la playa.

* * * * * * *

-¿Está muerto? -pregunta Trevor.

-Sí. Está muerto. -responde Estefanía.

-¡Hijo de pistola! -exclama Trevor.

-¿Viste a nuestro papá? -pregunta Caden.

-No. No sé donde está tu papá. ¿Laura? ¿Viste a su papá? -le pregunta Estefanía a la azafata.

Laura no responde. Parece que está en un trance.

Caden dice:

-Está bien. Vamos a hablar con más personas. Quizás otras . . .

[5]cuerpo= body

26

-¡EL AVIÓN! -grita la azafata. -¡EL TERRORISTA!... ¡LA BOMBA!... ¡EL CIENTÍFICO!... ¡NO ESTABA EN EL AVIÓN!... ¡ESTÁ EN LA ISLA!... ¡ES PELIGROSA!... ¡NO ENTRE A LA JUNGLA!...

-Shhhh... Laura... shhhh... Lo siento. Laura está histérica. Necesito separarla de la situación. -dice Estefanía.

-No, no, no... está bien. Vámonos, Trevor. -dice Caden.

La azafata continúa y grita sin pausa.

La azafata Laura grita

Capítulo seis

Un día de serpientes

Por la mañana, más gritos rompen el silencio. Caden y Trevor se levantan rápido y buscan el problema. ¡Serpientes! ¡Hay serpientes por todas partes! Todas las personas suben a las partes del avión o las palmeras. Cocodrilo corre al agua. Tucán, el otro miembro de la pandilla, grita muchas veces. Grita como un tucán. *¡Aaaak! ¡Aaaak!* Con toda la conmoción, las serpientes van a la jungla.

Caden dice:

-¿Dónde estamos? ¿Por qué hay muchas, MUCHAS serpientes?

-Porque estamos en la [1]Isla de la Quemada Grande. -responde la piloto. La piloto abandona

---

[1]Isla de la Quemada Grande= Island of the Great Burning. Also known as "Snake Island."

Todas las personas suben a las partes del avión o las palmeras

su posición en la playa y habla con los hermanos.

-También se llama "la Isla de las Serpientes." -dice Estefanía.

-Es un buen nombre. -responde Trevor.

-¡Trevor! ¡La Isla de las Serpientes es la isla donde Papá trabaja con el veneno! ¡Papá conoce bien la isla! -exclama Caden.

Estefanía continúa:

-Hay más de una serpiente [2]por metro cuadrado. La serpiente más peligrosa es "[3]la punta de lanza dorada." Su veneno afecta muy rápido una persona. El veneno causa náusea, agonía, parálisis, y. . . la muerte.

Una punta de lanza dorada

[2]por metro cuadrado= per square meter

[3]la punta de lanza dorada= the golden lancehead

-¿Cómo sabes mucha información de las serpientes? -pregunta Caden.

-La isla es famosa por las serpientes. Y... porque vi la destrucción del veneno... Laura está muerta. -responde Estefanía.

Chavela camina rápido hacia los hermanos y la piloto:

-¿Cómo?

-Una serpiente mordió muchas veces a Laura por la noche. Estaba en la jungla haciendo pipí. Fui a buscar a Laura pero estaba muerta. -responde Estefanía.

-¿Porque no hay una misión de rescate? ¿Porque el rescate no viene? -grita Cocodrilo.

La piloto responde:

-No sé. Hay una alarma en el aeropuerto cuando hay un accidente con un avión. Es normal que una misión de rescate vaya al accidente muy rápido. No sé...

-Hay otros problemas. No hay agua. No hay comida. Necesitamos encontrar agua y comida. ¡Necesitamos grupos para [4]buscarlas ahora! -dice Tucán.

---

[4]buscarlas= to look for them

-Buena idea. -responde Caden. —Tengo otra idea también. La Isla de las Serpientes es la isla donde trabaja mi papá. Hay un centro de investigación en la isla. Necesitamos un grupo para buscar el centro. Quizás hay un radio en el centro. Es posible que mi papá esté en el centro también.

-Muy bien. Caden, Trevor, Estefanía y yo vamos a buscar el centro de investigación. Todo el resto formen grupos para buscar agua y comida. -dice Chavela.

Caden está contento porque puede pasar más tiempo con Chavela. Todas las personas se separan y forman grupos. Chavela camina hacia Estefanía:

-¿Puedo examinar el cuerpo de Laura? -pregunta Chavela.

-Sí, pero es... horrible. —dice Estefanía.

Chavela, Caden, Trevor, y la piloto caminan al cuerpo de Laura. Chavela examina el cuerpo por un momento. Examina las marcas de las serpientes y todo el cuerpo.

-¿Hay un problema? -pregunta la piloto.

-No, no hay problema. Gracias. En diez minutos, vamos a buscar el centro, ¿eh?

-Excelente. Necesito encontrar mi chaqueta y unas botellas para agua. -responde Estefanía y sale a otra parte de la playa.

-Hmmm... -dice Chavela.

-¿Qué piensas? -pregunta Caden.

-Las serpientes no mataron a Laura. –responde Chavela.

-Pero hay muchas marcas de las serpientes en el cuerpo. –dice Caden.

-Sí, pero hay otra marca... de una pistola. -responde Estefanía.

-¿¡El terrorista!? - dice Trevor.

-En mi opinión, sí. El terrorista [5]disparó a Laura. ¿Pero dónde está la pistola? -pregunta Chavela.

<<*¿Y quién es el terrorista?*>> piensa Caden.

[5]disparó= s/he shot

Capítulo siete

Un hombre malo

-Necesito prepararme. Vamos a ir en diez minutos. -dice Chavela.

-Sí. Trevor y yo vamos a hablar con el candidato para presidente. Quizás tenga más información. -dice Caden.

-Está bien. Diez minutos, ¿eh? -sonríe Chavela.

Caden y Trevor caminan hacia la parte de la playa donde está el candidato. Trevor le pregunta a Caden:

-¿Tienes comida?

Caden tiene una banana. Recibió la banana en el avión. No tenía hambre en el avión. Ahora Caden tiene mucha hambre, pero le da la banana a su hermano.

-¿Quieres parte de la banana? -dice Trevor.

-No, gracias. No tengo hambre. No hay mucho tiempo. Vamos. -dice Caden.

Los hermanos caminan hacia el candidato. El candidato está con una mujer.

-Hola. Soy Caden y mi hermano se llama Trevor.

La mujer responde:

-Hola. Me llamo Fresna, y este es el señor Elonso Carbón. El señor Carbón es...

-¿Qué quieres? -dice el Señor Carbón.

-¿Tienen información de mi papá? Se llama Juan Sifuentes. - dice Trevor.

-Hablas español muy mal. ¿De dónde eres? -pregunta el señor Carbón.

-Soy de los Estados Unidos. Pero mi papá, Juan, es de...

-¡Bah! ¡No quiero hablar de tu papá! ¿Tienes agua? -pregunta señor Carbón.

-No, no tengo agua. -responde Caden.

El señor Carbón y Fresna

El señor Carbón se levanta y continúa:

-¡Qué típico! Los chicos de los Estados Unidos quieren un favor, pero no tienen nada para dar. -dice el señor Carbón.

-No quiero estar aquí. -murmura el señor Carbón. -Quiero estar en Uruguay en el debate con mi rival. —El señor Carbón mira al cuerpo de su rival.

-Pero estoy en una isla tonta y mi rival no puede decir nada importante... como siempre. -sonríe el señor Carbón.

-Vamos, Trevor. Este hombre no tiene información importante. Necesitamos encontrar a Chavela.

* * * * * * *

Caden y Trevor caminan al parte de la playa donde van a reunirse con Chavela. De repente, Cocodrilo y Tucán llegan. Cocodrilo tiene una expresión rara. Abre y cierra rápido sus manos.

-¡Caden! ¡Necesitamos hablar! -grita Cocodrilo. El hombre parece furioso. Caden quiere escapar pero no es posible. -¡Caden! ¿Por qué no dijiste que tu padre es el señor Sifuentes?

-No sé.... ¿Es importante? —responde Caden.

-Sí, es muy importante. –dice Cocodrilo. -Tengo un mensaje para él.   Un mensaje importante. [1]Díle. . . díle. . . gracias.

-¿Gracias? –pregunta Caden.

Tucán responde:

-Sí. Gracias. Tu padre me dio la oportunidad de vivir.   El señor Sifuentes me permitió tomar la cura para el cáncer. Había treinta personas que recibieron la cura. Yo fui una de las treinta. Vamos a Uruguay para dar dinero al laboratorio de tu padre. Tu papá es un héroe. Sin él, yo no...

Y Tucán no dice más. Está llorando cuando Cocodrilo le abraza. Los dos miembros del P.C.C. salen. De repente, Cocodrilo mira a Cade y dice:

-Muchas gracias.   Los miembros del P.C.C. nunca olvidan. *¡Nunca!*

---

[1]díle= Tell him

Capítulo ocho

La búsqueda

Chavela, Estefanía, Caden, y Trevor entran a la jungla. No caminan rápido porque hay muchas serpientes. Ven más de treinta serpientes en diez minutos.

El grupo continúa por dos horas. Encuentran un [1]riachuelo. Deciden poner más agua en sus botellas. Chavela toma dos botellas de su mochila y pasa su mochila a Caden con el resto.

-Chavela, ¿de dónde eres? -pregunta Caden.

Chavela sonríe a Caden y dice:

-Soy de Uruguay. Tú y tu hermano son de los Estados Unidos, ¿no?

-Sí, pero nuestro papá es de Uruguay. -responde Caden.

-¿Hay más personas en tu familia? –pregunta Chavela.

[1]riachuelo= stream

-Sí, tengo dos hermanos más, una hermana, y mi mamá. –dice Caden.

-¿Dónde está el resto de tu familia? –pregunta Chavela.

-Tienen otro evento importante en los Estados Unidos. -responde Caden.

-¿Qué es más importante que la familia? -pregunta Chavela.

-Es… complicado. Soy prácticamente un adulto pero mi papá piensa que… no sé. -Caden pausa por un momento.   -¿Tienes familia?

-Sí, mi mamá, mi papá, y mi hermano, Miguelito.   Miguelito tiene once años, como Trevor. Mi hermano es muy inteli…

-¡Caden! ¡Mira! ¡El centro está en la distancia! -exclama Trevor.

-¿Dónde? -pregunta Caden.

-¡Mira entre las palmeras! -exclama Trevor.

-¡Sí! ¡Veo el centro! Podemos caminar al centro en treinta minutos. ¡Vamos! -responde Caden.

-Sí. Necesitamos poner el agua en las botellas y luego…

-**¡Ay**! -grita Estefanía. Caden, Trevor y Chavela

corren a Estefanía.

-¡¿Qué pasó?! -pregunta Chavela.

-¡Una serpiente me mordió! -dice Estefanía y se agarra la pierna.   Estefanía tiene una expresión de agonía. Chavela mira la pierna de Estefanía. La marca es idéntica a las marcas en el cuerpo de la azafata, Laura.

-Sí, es la marca de una punta de lanza dorada. No hay mucho tiempo.   Voy a esperar con Estefanía. Caden y Trevor, su papá trabaja en el centro, ¿no?   Necesitan correr al centro para encontrar el antiveneno.   ¡Estefanía necesita el antiveneno! ¡Rápido! —exclama Chavela.

Trevor y Caden corren por la jungla. Corren por diez minutos cuando oyen una persona en las plantas.

-¡Trevor! ¡Shhhh! ¡Un momento! ¡Hay una persona en la jungla! —dice Caden.

-¿Es el terrorista? -pregunta Trevor.

-Es imposible ver. No sé, pero no quiero hablar con una persona misteriosa en la jungla. ¡Vamos! -dice Caden.

Pero Trevor no puede correr cuando una persona le agarra y pone una mano sobre su boca:

-¡Silencio, si no quieren morir!

Capítulo nueve

El hombre misterioso

-¡Papá! -dice Trevor y [1]abraza a su papá. Caden corre a Juan y le abraza también. Juan les abraza a sus hijos sin pausa. Es una reunión perfecta, pero los tres chicos saben que no pueden continuar. Juan y sus hijos se separan. Su papá dice con urgencia:

-Necesitamos ir al centro de investigación, pero estoy muy frustrado. No tengo mis lentes. Me caí en la jungla y no podía encontrar mis lentes. No puedo caminar rápido en la jungla. Es muy peligrosa e imposible ver bien. Todas las palmeras parecen idénticas. ¡No puedo encontrar el centro sin mis lentes!

[1]abraza= he hugs

Los tres Sifuentes se abrazan

-Pero, papá... ¡encontramos los lentes en la jungla! -dice Caden y toma los lentes de la mochila de Chavela.

-Ahhh... gracias, mi hijo.   Ahora vamos al centro... pero ¡cuidado!   Pienso que hay una persona que quiere matarnos.

Trevor dice:

-Sí! El agente federal piensa que...

-¡Papá! ¡Necesitamos traer el antiveneno a la piloto! -exclama Caden.

-¿Una serpiente mordió a la piloto?   ¿Dónde está la piloto? -pregunta Juan.

-El agente espera con la piloto por un riachuelo, pero no hay mucho tiempo. -dice Caden.

-¡Está bien! Hay suficiente antiveneno en el centro. ¡Vámonos, chicos!

Capítulo diez

El centro

Caden, Trevor, y su papá corren al centro en diez minutos. Caden y Trevor informan a su papá de la situación peligrosa en la isla. Describen los miembros raros de la pandilla, el candidato cruel, la muerte de la azafata, y las ideas de Chavela de un terrorista en la isla. Y luego están al centro.

Todo el centro es de metal. Hay una puerta y el centro tiene muchas ventanas pequeñas. Caden ve un domo de metal adyacente al centro.

-Papá, ¿para qué es el domo? -pregunta Caden.

-Levanten el domo. -sonríe su papá.

Caden y Trevor levantan el domo. Hay un [1]pozo debajo del domo. Hay espacio para diez personas, pero no hay personas debajo del domo. Hay serpientes. ¡Cientos de serpientes! Las serpientes se mueven en el negro del pozo. Sus ojos parecen muy crueles.

-¡Hijo de pistola! -exclama Trevor.

-Este pozo de serpientes es para la investigación de veneno. Necesitamos mucho veneno. Hay cientos de puntas de lanza dorada en el pozo. ¡No [2]caigan en el pozo! -dice su papá.

Los tres caminan al centro y su papá abre la puerta con una serie de [3]llaves. Entran el centro y ven que todo está en desorden. Hay papeles y partes de computadoras por todas partes. Juan escucha la radio, pero no oye nada.

-¡Ay, no! ¡La radio no funciona! ¿Por qué? ¿Y dónde está Isabela? –dice Juan.

-¿Isabela? ¿Quién es Isabela? -pregunta Caden.

-Isabela es mi asistente. Es una estudiante mexicana que quiere trabajar en las investigaciones de cáncer. Es inteligente y trabaja muy bien. Normalmente Isabela está en el centro cuando no trabajo. ¿Dónde está Isabela?

[1]pozo= pit   [2]caigan= fall   [3]llaves= keys

Juan continúa con la radio. -No hay suficiente tiempo. Puedo reparar la radio, pero es más importante dar el antiveneno a la piloto.

Juan camina a un refrigerador y toma un vial de antiveneno. Juan dice:

-Es muy tarde. La jungla es muy peligrosa porque hay más serpientes por la noche y quizás haya un terrorista. Voy a [4]cerrar la puerta con llaves. No quiero que el terrorista entre.

-¿Hay más copias de las llaves? -pregunta Caden.

-Sí, mi asistente, Isabela tiene copias. Pero no es necesario. Tú y tu hermano pueden esperar en el centro. Voy a traer el antiveneno a la piloto y vamos a reunirnos al centro para reparar la radio.

-Pero Estefanía no puede caminar. -dice Trevor.

-Entre el centro y el pozo de serpientes hay un [5]carrito que puedo empujar para llevar a Estefanía. -responde su papá.

-¡Cuidado, papá! -dice Caden.

-¡[6]Los quiero, hijos! -responde Juan y cierra la puerta con llaves.

[4]cerrar la puerta con llaves= to lock the door

[5]carrito= cart

[6]los quiero- I love you (guys)

* * * * * * *

-¿Y ahora qué? -dice Trevor.

-Podemos organizar el centro para papá. Es un desastre. —responde Caden.

Los dos chicos organizan el centro. Organizan las partes de las computadoras y la radio. Organizan los uniformes. Cuando organizan los papeles, Trevor encuentra una foto.

-Caden, mira esta foto de papá. Papá está con una mujer en el centro. Quizás sea su asistente, Isabela. Hmmm... Isabela se parece mucho a Chavela.

Caden mira la foto:

-¡Es imposible! No parece a Chavela, ¡sí **ES** Chavela! Chavela **ES** Isabela. ¡Qué tonto! Chavela es otro nombre para Isabela. ¡Chavela es la asistente de papá!

-¡Ah! Y Chavela no habla como una persona de Uruguay. Habla como una mexicana. Pero, ¿por qué Chavela, eh... Isabela nos dijo que es una agente federal para los aviones? -pregunta Trevor.

-Porque Isabela es *la terrorista*. Quiere matar a nuestro papá,... -Caden agarra la puerta pero la puerta no mueve. -...estamos [7]encerrados *y no hay nada que podamos hacer!*

La foto de Isabela (Chavela) y Juan Sifuentes

[7]encerrados= trapped

Capítulo once

¡Encerrados!

Caden y Trevor no pueden escapar. Están encerrados. Hay [1]ojos de cerradura en la puerta, pero no tienen llaves. No pueden abrir la puerta y las ventanas son muy pequeñas.

-Papá e Isabela tienen las llaves. No podemos escapar. ¿Qué vamos a hacer? -exclama Trevor.

El hermano de Caden pone su cabeza en sus manos. Trevor llora un poco y dice:

---

[1]ojos de cerradura= keyholes

-Es imposible. ¡No vamos a escapar! —y Trevor llora mucho.

Caden camina hacia Trevor y abraza a su hermano.

-Está bien, Trevor. Vamos a escapar. Vamos a reunir la familia. -dice Caden.

-Caden, piensas que Isabela va a matar a Papá?

-¡No! ¡Vamos a abrir la puerta! ¡Voy a encontrar las llaves! —exclama Caden.

Caden camina rápido por el centro. Busca por todas partes. De repente, Caden se pega en la cabeza con su mano.

-¡Es obvio! ¡La mochila de Isabela! Isabela me dio su mochila en el riachuelo. -exclama Caden y abre la mochila. Hay muchas partes de la mochila, pero una parte tiene ^{2}una cerradura. La cerradura no es normal. No necesita una llave. La cerradura necesita una combinación de letras.

-Trevor, pienso que las llaves están en una de las partes de la mochila. ¡Vamos! ¡Abramos la cerradura!

^{2}una cerradura= a lock

Caden y Trevor buscan la combinación de la cerradura. Buscan por treinta minutos y encuentran la combinación. Abren la cerradura. Caden toma las llaves de la mochila y corre a la puerta. Caden abre la puerta y los hermanos salen rápido del centro. De repente, una persona camina de la jungla. La persona está empujando el carrito.

-¡Papá! -grita Trevor y corre a su papá. Pero no es su papá. Isabela está empujando el carrito. Trevor mira con horror en el carrito. Su papá está en el carrito y no se mueve. No se mueve para nada.

Isabela empuja el carrito al centro

Capítulo doce

La decepción

-Hola, chicos. -dice Isabela y señala una pistola a Caden y Trevor. Los hermanos levantan las manos.

-Isabela... ¿Qué le hiciste a mi papá? -pregunta Trevor.

-Tu papá quería... una siesta. Y ahora él va a pasar tiempo con sus amigos en el pozo de serpientes. ¡Vamos! No hay mucho tiempo. Es tarde. Hay más serpientes en la jungla por la noche. No quiero morir como la piloto. -dice Isabela y señala al domo adyacente al centro. Los chicos no se mueven rápido hacia el pozo de serpientes.

Cuando llegan al pozo Isabela dice:

-Lo siento. No quería hacerlo. Es necesario para mi familia. Tu papá no quiere beneficiarse de la cura. Puedo recibir millones de dólares por la cura. Tu papá quiere dar la cura a todos por nada. ¡Por nada! Necesito el dinero. Mi familia necesita el dinero.

-¿Por qué tu familia necesita el dinero? -pregunta Caden.

-¡Porque el gobierno de México es tonto! No le permitió a mi familia ir a los Estados Unidos. Mi familia le dio el dinero y completó los papeles necesarios pero el gobierno quería más. Mi familia dio *más* dinero y completó *más* papeles, pero no era suficiente. El gobierno quería más. ¡Siempre quería *más*! Hay un grupo de doctores en México que me va a dar tres millones de dólares por la cura de su papá. Es suficiente para mi familia. Mi familia puede tener todo en los Estados Unidos con tres millones de dólares.

-Pero, ¿qué pasa cuando el rescate venga? -pregunta Caden.

-Un rescate no va a venir. Yo no estaba en el avión. Yo estaba en la isla. Cuando el avión pasó sobre la isla, usé un control remoto para explotar la bomba. Cuando el avión explotó, el aeropuerto llamó al avión. Yo respondí que había un problema pequeño con el avión y el avión iba a llegar a un aeropuerto pequeño en Uruguay.

-¿Y el aeropuerto en Brasil no pensó que era raro? -pregunta Caden.

-Tengo un amigo al aeropuerto que confirmó lo que dije. Nadie va a buscar su avión. No hay un rescate. –responde Isabela.

-¿Qué vas a hacer con mi hermano y yo? -pregunta Caden.

-No quiero matar a nadie, pero es necesario. Nadie puede hablar de los eventos de la isla. Lo siento. Lo siento mucho. -responde la mujer. Caden no puede ver bien, pero parece que Isabela llora un poco, y luego levanta el domo del pozo de serpientes. Cientos de serpientes se mueven rápido con la conmoción. Isabela empuja el carrito hacia el pozo.

-¡NO! -grita Trevor y corre hacia Isabela. Isabela empuja Trevor y el chico se cae. De repente, Trevor grita:

-¡Ay! ¡Una serpiente me mordió!

-Lo siento, Trevor. Un chico pequeño como tú no tiene mucho tiempo. La muerte va a venir muy rápido. —dice Isabela.

Caden camina hacia su hermano pero Isabela señala su pistola a Caden:

-No. No hay nada que puedas hacer. Tu hermano va a morir aquí... o en el pozo.

Y Trevor no se mueve más.

Isabela dice:

-Lo siento, Caden. En una situación diferente, tú y yo...

-¡NO! ¡Eres un monstruo! ¡Mataste la azafata... mataste la piloto... y mataste a mi hermano! -exclama Caden.

Isabela responde:

-La azafata sabía que yo no estaba en el avión. Yo no tenía otra opción. Nada es más importante que mi familia. Y necesito...

-Uhhh..... -murmura el papá de Caden.

-Isabela mira a Juan cuando él se mueve un poco en el carrito.

-¡Caden! ¡Ahora! -grita Trevor. Una serpiente no mordió a Trevor. Trevor fingió estar lastimado otra vez.

Hay mucha confusión. Trevor agarra las piernas de Isabela. Caden corre hacia Isabela y agarra la pistola. Caden no puede separar la pistola de la mano de Isabela. Isabela empuja a Caden pero la mujer no piensa en Trevor. Isabela se cae sobre el hermano de Caden.

-¡Noooo! -grita Isabela y se cae en el pozo de serpientes.

Capítulo trece

Otra vez

<<¡No hay aire! ¡No puedo respirar!>>

El aire se mueve rápido sobre Caden. El helicóptero vuela muy rápido hacia la costa de Uruguay. No hay puertas en el helicóptero y el aire se mueve rápido por la cabina. Caden, Trevor, su papá, y las otras personas de la isla están exhaustos pero contentos.

Cuando Juan [1]se despertó, reparó el radio. El señor Carbón es un hombre famoso en Uruguay y el rescate llegó muy rápido. Y ahora, no están en la Isla de las Serpientes.

Caden mira la isla en silencio y piensa,

<<No hay aire... no puedo respirar... pero [2]no me importa. Tengo mi familia. Mi familia está bien. Y nada es más importante que la familia.>>

[1]se despertó= he woke up   [2]no me importa= I don't care

El helicóptero vuela rápido hacia la costa de Uruguay

La isla más peligrosa

Glosario

a- at, to

abandona- s/he abandons

abramos- Let's open

abraza- s/he hugs

abre- s/he opens

abren- they open

abrir- to open

accidente- accident

actor- actor

adulto- adult

adyacente- adjacent

aeropuerto- airport

afecta- it affects

agarra- s/he grabs

agente- agent

agonía- agony

agua- water

ahora- now

aire- air

al- to the

alarma- alarm

amigo- friend

animal- animal

años- years

antiveneno- antivenom

aquí- here

área- area

asistente- assistant

avión- plane

azafata- flight attendant

azul- blue

B_____

banana- banana

beneficiarse- to benefit

beneficiosa- beneficial

bien- well

bilingüe- bilingual

boca- mouth

bomba- bomb

botellas- bottles

buen- good

buenas-good

buen@- good

busca- s/he looks for

buscan- they/you look for

buscar- to look for

buscó- s/he looked for

C_____

cabeza- head

cabina- cabin

(se) **cae-** s/he falls down

(me) **caí-** I fell down

caigan- fall

cálmate- calm down

camina- s/he walks

caminan- they walk

caminar- to walk

caminaron- they walked

cáncer- cancer

candidato- candidate

carrito- cart

causa- it causes

centro- center

cerradura- lock

cerrar...con llaves- to lock

chaqueta- jacket

chico- boy

chistoso- funny

científico- scientist

cientos- hundreds

cierra- s/he closes

cocodrilo- crocodile

colores- colors

combinación- combination

comida- food

como- like, as

cómo- how

completó- it completed

complicado- complicated

computadoras- computers

con- with

confirmó- s/he confirmed

confusa- confused

confusión- confusion

conmoción- commotion

conoce- s/he knows

contento- content, happy

continúa- s/he continues

continuar- to continue

control- control

copias- copies

corre- s/he runs

corren- they run

correr- to run

costa- coast

cruel- cruel

(metro) **cuadrado**- <u>square</u> (meter)

cuando- when

cuerpo- body

cuidado- careful

cura- cure

D_____

da- s/he gives

dar- to give

de- from, of

debajo- under

debate- debate

decide- s/he decides

decir- to say, tell

del- from/of the

deportar- to deport

desastre- disaster

describen- they describe

desorden- disorder, mess

(se) **despertó**- s/he woke up

destrucción- destruction

dí(le)- **tell** (him)

dice- s/he says

diecisiete- seventeen

dientes- teeth

diez- ten

diferente- different

dije- I said

dijiste- you said

dijo- s/he said

dinero- money

dio- s/he gave

disparó- she shot

distancia- distance

doctores- doctors

dólares- dollars

domo- dome

dónde- where

(punta de lanza) **dorada**- <u>Golden</u> lancehead

dos- two

E_____

e- and (form of "y" when proceeding a word that begins with "i")

el- the

él- he

empuja- s/he pushes

empujan- they push

empujando- pushing

empujar- to push

en- in, on

encerrados- trapped

encontramos- we found

encontrar- to find

encontremos- let's find

encuentra- s/he finds

encuentran- they find

entra- s/he enters

entran- they enter

entre- between

era- s/he was

eres- you are

es- S/he is

escapa- s/he escapes

escapar- to escape

escéptico- skeptical

escucha- s/he listens

escuchan- they listen

escuchas- you listen

eslogan- slogan

espacio- space

español- Spanish

especial- special

espera- s/he waits

esperar- to wait

está- s/he is

estaba- s/he was

Estados Unidos- The United States

estamos- we are

están- they are

estar- to be

estás- you are

esté- s/he is

esto- that

estoy- I am

estudiante- student

evento- event

examina- s/he examines

examinar- to examine

excelente- excellent

exclama- s/he exclaims

exhaust@- exhausted

explica- s/he explains

explotar- to explode

explotó- it exploded

expresión- expression

F_____

familia- family

familiar- familiar

famos@- famous

favor- favor

federal- federal

finge- s/he fakes

fingió- s/he faked

forman- they form

formen- form

foto- photo

frustración- frustration

frustrado- frustrated

fuego- fire

fuera- I go

fui- I went/was

funciona- it functions

furios@- furious

G_____

gobierno- government

gracias- thanks

grande- big

grita- s/he yells

gritan- they yell

gritar- to yell

gritos- yells/screams

grupo- group

gusta- likes

gustan- likes

H_____

había- there was/were

habla- s/he talks

hablar- to talk

hablas- you talk

hacer- to do

hacia- towards

haciendo (pipí)- making (pee)

hambre- hungry (hunger)

hay- there is/are

haya- there is/are

helicóptero- helicopter

hermana- sister

hermano- brother
héroe- hero
hiciste- you did
hijo- son
histérica- hysterical
hola- hello
hombre- man
honor- honor
horas- hours
horrible- horrible
horror- horror

I_____
iba- s/he went
idea- idea
idéntica- identical
(no me) **importa**- I don't care
importante- important
imposible- impossible
industria- industry
información- information
informan- they inform
inmigrantes- immigrants
inteligente- intelligent
interesante- interesting
internet- internet
investigación- investigation
ir- to go
isla- island

J_____

joven- young
jungla- jungle

L_____
la- the
laboratorio- laboratory
(punta de) **lanza** (dorada)- Golden lancehead
las- the
lastimad@- injured
le- to him/her
lentes- glasses
les- to them
letras - letters
(se) **levanta**- s/he stands up
levantan- they lift
levantemos- let's lift
levanten- lift
(se) **llama**- s/he is called
(se) **llaman**- they are called
(te) **llamas**- you are called
(me) **llamo**- I am called
llamó- s/he called
llave- key
llegan- they arrive
llegar- to arrive
llegó- it arrived
llevar- to carry
llora- s/he cries
llorando- crying
lo –it

los- the
luego- then, later

M_____

magnífica- magnificent
mal- bad
mal@- bad, evil
maleta- suitcase
mamá- mom
mañana- morning
mande- What? (used mainly in Mexico)
mano- hand
marca- mark
más- more
matan- they kill
matar- to kill
mataron- they killed
mataste- you killed
me- me
mensaje- message
metal- metal
metro (cuadrado)- (square) meter
mexicana- Mexican
mi- my
miembro- member
millones- millions
minutos- minutes
mira- s/he looks
miran- they look

mis- my
misión- mission
misterios@- mysterious
mochila- backpack
momento- moment
monstruo- monster
mordió- s/he bit
morir- to die
much@- a lot
much@s- a lot
muert@- dead
muerte- death
muertos- dead
mueve- s/he moves
mueven- they move
mujer- woman
murmura- s/he murmurs
músculos- muscles
muy- very

N_____

nada- nothing; s/he swims
nadie- nobody/no one
nausea- nausea
necesario- necessary
necesita- s/he needs
necesitamos- we need
necesitan- they need
necesito- I need
negro- black
no- no

noche- night

nombre - name

normal -normal

normalmente- normally

nos- us

nuestro- our

nunca- never

O_____

o- or

objeto- object

obvio- obvious

océano- ocean

olvidan- they forget

once- eleven

opción- option

opinión- opinion

oportunidad- opportunity

organiza- s/he organizes

organizan- they organize

organizar- to organize

otr@- other, another

oye- s/he hears

oyen- they hear

P_____

padre-father

palmeras- palm trees

pandilla- gang

pantalones- pants

papá- dad

papeles- papers

para- for

para (nada)- at all

paracaídas- parachute

parálisis- paralysis

parece- s/he, it seems

parecen- they seem

parte- part

pasa- s/he passes

pasar- to pass

pasó- s/he passed

pausa- pause

pega- s/he hits

pegó- s/he hit

peligros@- dangerous

pelo- hair

pensó- s/he thought

pequeñ@- small

perfect@- perfect

permitió- it permitted/allowed

permitir- to permit/allow

pero- but

persistente- persistent

persona- people

piensa- s/he thinks

piensas- you think

pienso- I think

pierna- leg

piloto- pilot

(haciendo) **pipí**- (making)

pee

pistola- pistol

plan- plan

plantas- plants

playa- beach

poco- little

podemos- we can

podía- I could

pone- s/he puts

(se) **pone**- s/he puts on

(se) **ponen**- they put on

poner- to put

por- for, on, by, because of

por qué- why

porque- because

posible- possible

posiblemente- possibly

posición- position

pozo- pit

prácticamente- practically

prefiere- s/he prefers

pregunta- s/he asks

preguntas- questions

preparar- to prepare

presidente- president

Primer (Comando Capital)- First Capital Command

problema- problem

puedas- you can

puede- s/he can

pueden- they can

puedo- I can

puerta- door

punta (de lanza dorada)- golden lancehead

Q_____

que- that

qué- what

quería- s/he wanted

quién- who

quiere- s/he wants

quieren- they want

quieres- you want

quiero- I want

quizás- maybe

R_____

radio- radio

rápido- fast

rar@- rare, strange

recibieron- they received

recibió- s/he received

recibir- to receive

refrigerador- refrigerator

remoto- remote

reparar- to repair

reparó- s/he repaired

(de) **repente**- all of sudden

rescate- rescue

respirar- to breathe

responde- s/he responds

respondí- I responded
respondió- s/he responded
resto- rest
reunión- reunion, meeting
reunir- to reunite, meet up
riachuelo- stream
ridículo- ridiculous
riendo- laughing
rival- rival
rojo- red
rompen- they break

S_____
sabe- s/he knows
saben- they know
sabes- you know
sabía- s/he knew
sale- s/he leaves
salen- they leave
sé- I know
sea- s/he is
secretos- secrets
señala- s/he points
señor- mister, sir
separan- they seperate
separar- to seperate
serie- series
serpiente- snake
si- if
sí- yes

siempre- always
(lo) **siento-** I'm sorry
siesta- nap
significa- it means
silencio- silence
símbolo- symbol
sin- without
situación- situation
sobre- over, about
son- they are
sonríe- s/he smiles
soy- I am
su(s)- his/her, their
suben- they climb
Sudamérica- South America
suficiente- sufficient

T_____
tabaco- tobacco
también- also
tarde- late
tatuajes- tattoos
te- you
tener- to have
tenga- s/he has
tengo- I have
tenía- s/he had
territorio- territory
terrorista- terrorist
tiempo- time
tiene- s/he has

tienen- they have
tienes- you have
típico- typical
tod@s- all
tod@- all
toma- s/he takes
tomar- to take
tonto- dumb
trabaja- s/he works
trabajar- to work
trabajo- I work
traer- to bring
trance- trance
treinta- thirty
tres- three
tropical- tropical
tu- your
tú- you
tucán- toucan

U_____

un- a
un (poco)- a little
una- a
uniforme- uniform
urgencia- urgency
usé- I used

V_____

va- s/he goes
vacación- vacation
vámonos- let's go

vamos- we go
van- they go
vas- you go
vaya- it goes
ve- s/he sees
(a) **veces**- sometimes
ven- they see
veneno- venom
venga- it comes
venir- to come
ventanas- windows
veo- I see
ver- to see
vez- time
vi- I saw
vial- vial
viene- s/he comes
vino- s/he came
visión- vision
viste- you saw
viven- they live
vivir- to live
voy- I go
vuela- s/he flies

Y_____

y- and
yo- I, me

El autor

John Sifert has been teaching Spanish for 20+ years in Texas and Iowa. His focus on music and books in the classroom helped inspire this novel. Besides making a fool of himself in front of his students, his great loves are his wife Melissa, his five children, and the occasional good book, movie, or out-of-tune family sing-a-long.

Made in the USA
Coppell, TX
22 July 2020

31544514R00052